AF221079

Chiang Mai

lieben lernen

Der perfekte Reiseführer für einen unvergesslichen Aufenthalt in Chiang Mai inkl. Insider-Tipps und Packliste

Lynh Feldmann

✈ INHALT

Das erwartet Sie in diesem Buch

Für alle Reisende, die sich die wunderschöne Stadt Chiang Mai zum Ziel gemacht haben, soll dieses Buch einen Überblick geben. Es informiert und erzählt nebenbei die Erfahrungen einer jungen Frau, die Chiang Mai bereits erkundet hat.

Das macht diesen Reiseführer interessant und nahbar. Brauchbare Tipps zur Reisevorbereitung und konkrete Empfehlungen werden gegeben sowie auf anschauliche Weise die Atmosphäre der Stadt beschrieben. Sie selbst reist mit kleinem Budget, gibt dennoch Informationen für den größeren Geldbeutel und erste Einblicke in die thailändische Kultur. Wie wird hierzulande gegessen? Woran glauben die Menschen? Wie feiern sie und wen? Das Buch bietet Ihnen einen Anfang.

Einen Anfang zum Verständnis dieses Landes und seinen Bewohnern. Es ermutigt Sie selbst zu erkunden und sich einen eigenen Eindruck zu verschaffen und gibt Ihnen die dazu nötigen Mittel an die Hand. Was darf ich als Tourist? Was sollte ich lassen? Wo finde ich die wirklich interessanten Dinge, die heimlichen Sehenswürdigkeiten der Stadt? Wo wohnt es sich am besten? Was macht die Stadt aus?

Mit einer spürbaren Liebe zum Detail werden die schönsten Orte, leckersten Speisen, ältesten Kultstätten und verrücktesten Erlebnisse beschrieben. Wenn Sie sich Ihrer Reise noch nicht sicher waren, dann sind Sie es spätestens nach dieser Lektüre.

Chiang Mai – Die Rose des Nordens

Umgeben von blühenden Landschaften, märchenhaften Wasserfällen und kultureller Vielfalt liegt hoch in den Bergen Nordthailands an den Ufern des Mae Ping River die Stadt Chiang Mai oder wie sie dank der atemberaubenden Natur, die sie umgibt, auch genannt wird: Die Rose des Nordens.

Die hohe Lage sorgt für ein milderes Klima und die Nächte sind kühl, trotzdem klettert die Temperatur im März und April regelmäßig über 40 Grad. Die darauffolgende Regenzeit ist schwül, aber im

Gegensatz zu anderen Regionen in Thailand gibt es hier keinen Dauerregen. Wenn man also Touristenmassen meiden möchte, empfiehlt es sich, gegen allerlei Ratschläge, in der Zeit von Mai bis Oktober die Stadt zu besuchen. Wollen Sie lieber auf Nummer sicher gehen, dann wählen Sie die Hauptsaison von November bis März und packen eine Strickjacke ein, die Sie sich abends überziehen können.

Chiang Mai ist mit mehr als 130.000 Einwohnern die zweitgrößte Stadt Thailands und ein beliebtes Reiseziel, national wie international. Sie ist Hauptstadt der gleichnamigen Provinz, welche stark landwirtschaftlich geprägt ist. Im Mekong Bergland, am Fuße des Berges Doi Suthep, wurde die Stadt im Jahre 1292 vom damaligen König und Gründer des Lan Na-Reiches Mangrai aufgebaut.

Neben dem Lan Na-Reich, auch das „Land der Millionen Reisfelder" genannt, existierten im 13. Jahrhundert noch weitere Thai-Reiche, das Phayao-Reich, Ayutthaya und Sukhothai. Mangrai verbündete sich mit den Herrschern von Sukhothai und Phayao und errichtete im fruchtbaren Tal des Mae Ping eine neue Stadt oder wie man auf Thai sagen würde: Chiang Mai, welche nun das Zentrum des Reiches darstellte. Das war ein strategisch kluges Vorgehen, um der wachsenden Bedrohung durch die

Mongolen standzuhalten. Mangrai und seine Nach-folger konnten ihren Einflussbereich stetig vergrö-ßern, bis das Reich im Jahre 1558 in Abhängigkeit von Birma geriet. Es folgten Jahrhunderte, in denen Phasen der Oberhoheit von Birma oder Ayutthaya sich mit Unabhängigkeit des Reiches abwechselten.

1774 gelang es Siam endgültig, die Oberherr-schaft über La Na zu gewinnen. Trotzdem blieb ihm eine gewisse Autonomie bis 1939 erhalten. Die poli-tische Sonderstellung, die Chiang Mai Jahrhunderte lang genoss, ist heute vielleicht nicht mehr vorhan-den, jedoch unterscheidet sich die Stadt außeror-dentlich von anderen Großstädten Thailands, aber auch von den umliegenden Dörfern der traditionel-len Bergvölker.

Das Stadtbild ist geprägt von kleinen Cafés und Restaurants, Straßenmärkten, wo allerlei Produkte feilgeboten werden, und unzähligen Tempeln, die von prunkvoll bis halb verfallen variieren. Typisch für Thaistädte sind auch hier die Straßen sehr be-lebt, TukTuks, rote Songthaeos (Sammeltaxis), Mo-peds, Fahrradfahrer und Fußgänger drängen sich in engen Gassen und auf breiten Hauptverkehrsstra-ßen. Der Geruch von köstlichem Essen ist Ihr ständi-ger Begleiter, es lohnt sich also immer, ein paar Baht für den Snack zwischendurch in der Tasche zu haben. Trotzdem hat Chiang Mai seinen ganz eigenen Charme. Die Straßen sind sauber, die Stadt sehr modern und vergleichsweise wohlhabend. Neben lokalen Spezialitäten findet man überall europäische Küche. Der Lifestyle erinnert an London, Paris oder Berlin, nur ist alles kleiner.

Wegen der großen Universität, mit gutem internationalem Ruf, aber auch etlichen kleineren Hochschulen leben in Chiang Mai viele junge Menschen und es mangelt nicht an Clubs und Bars. Aber auch kulturell hat die Stadt viel zu bieten und neben den über 300 Tempeln, die man besichtigen kann, gibt es auch das ein oder andere Museum, dem Sie einen Besuch abstatten können. Die Lebensfreude, die diese Stadt ausstrahlt, ist ansteckend und definitiv eine Reise wert.

Vor der Reise

Machen Sie sich vor der Reise Gedanken darüber, ob Sie sich nur in der Stadt oder auch in ihrer ländlichen Umgebung aufhalten wollen. In Chiang Mai ist es das ganze Jahr über sehr warm, doch je höher Sie sich in die Berge wagen, desto wärmere Kleidung brauchen Sie. Hier schwanken die Temperaturen über den Tag enorm.

In der Nacht kann es bis 10 Grad abkühlen, wogegen es am frühen Nachmittag über 30 Grad warm ist. Falls Sie während der Regenzeit reisen, denken Sie an einen Schirm oder eine leichte Regenjacke. Wenn Sie die wunderschöne Natur erkunden wollen, bietet es sich oft an, ein oder zwei Nächte auf dem

Campingplatz zu verbringen. Hier kann man sich in der Regel Campingbedarf ausleihen, trotzdem empfiehlt es sich, seinen eigenen Schlafsack und seine eigene Isomatte für den extra Comfort mitzubringen.

Eine Taschenlampe könnte sich auch als nützlich erweisen. Wirksames Mückenspray (z.B. NoBite) aus der Apotheke oder dem Outdoor-Geschäft benötigen Sie auf jeden Fall, vor allem abends sind die Insekten furchtbar nervig, noch darüber hinaus besteht das Risiko, sich mit Krankheiten wie dem Dengue-Fieber anzustecken. Bei einem Ausflug in die Natur ist der Bedarf an Mückenspray natürlich besonders hoch, doch das Dengue-Fieber wird laut Auswärtigem Amt tatsächlich häufiger in der Stadt übertragen. Chiang Mai ist allerdings kein Malariagebiet. Es ist also nicht zwingend notwendig, prophylaktische Medikamente mitzunehmen.

Informieren Sie sich vor der Reise bei einem Arzt oder dem Auswärtigen Amt, um auf Nummer sicher zu gehen. Es besteht keine Impfpflicht, um nach Thailand einzureisen. Kontrollieren Sie jedoch, ob Sie gegen Hepatitis A und Diphterie geimpft sind und ob Ihre Tetanus-Impfung noch nicht verjährt ist. In Chiang Mai sind die hygienischen Bedingungen sehr gut und ich hatte keine Probleme mit der Verdauung und habe das Essen dort gut vertragen. Trotzdem sollten Sie darauf achten und nicht bei Straßenständen kaufen, die Ihnen suspekt vorkommen. Die medizinische Versorgung ist ebenfalls außerordentlich und falls Sie sich doch einmal was eingefangen haben sollten, bekommen Sie in der Apotheke das passende Medikament, welches Sie jedoch selbst bezahlen müssen.

Europäische Rezepte kann man hier nicht einlösen. Das Leitungswasser sollten Sie nicht trinken, kaufen Sie sich lieber Wasser in Flaschen, die finden Sie in jedem Supermarkt oder „Seven Eleven", dieser hat rund um die Uhr geöffnet. In den Bergen gibt es bestimmt die ein oder andere Quelle, die so sauberes Wasser führt, dass Sie dort bedenkenlos daraus trinken können.

Als deutscher Staatsbürger können Sie ohne Visum in Thailand einreisen, solange sie nach 30 Tagen wieder abreisen und das in gegebenem Falle auch nachweisen können. Haben Sie vor, länger zu bleiben, können Sie vor Ort Ihren visumsfreien Aufenthalt einmalig um 30 Tage verlängern, aber nur wenn Sie das aus touristischen Absichten tun. Alle, die einen mehrmonatigen Aufenthalt planen: Vor der Reise können Sie beim thailändischen Konsulat ein Visum für 60 Tage beantragen, dies kostet 30 Euro. Ein solches Touristenvisum kann ebenfalls einmalig um 30 Tage verlängert werden. Thailand ist keine freiheitliche Demokratie, sondern eine konstitutionelle Monarchie. Der König ist nicht nur das Staatsoberhaupt, sondern auch oberster Hüter der Religion.

Das sollte Ihnen bewusst sein, da es Konsequenzen nach sich zieht. Es herrscht nur eingeschränkte Meinungsfreiheit und Kritik an der Regierung kann strafrechtlich verfolgt werden. Außerdem entspricht Nacktbaden nicht der religiösen und kulturellen Etikette und kann ebenfalls geahndet werden.

Zuletzt noch eins. Für den Notfall sollten Sie sich folgende Nummern merken oder aufschreiben:

Polizei: 191
Touristenpolizei: 1155
Krankenwagen: 1554
Feuerwehr 199
Deutsche Botschaft: +66 22 87 9000G

ANREISE

Nach gründlicher Vorbereitung ist es nun an der Zeit, die Anreise zu organisieren. Die günstigeren Flüge sind immer mit Zwischenstopp. Ab 500 Euro fliegen Sie dann über Moskau oder Dubai nach Bangkok. Von Frankfurt am Main gibt es auch Direktflüge, angeboten von Lufthansa oder Thai Airways, diese kosten mindestens 650 Euro.

Um von Bangkok nach Chiang Mai zu kommen, gibt es mehrere Möglichkeiten. Sie können einfach für ca. 25 Euro einen Anschlussflug buchen. Innerhalb 1 Stunde und 20 Minuten erreichen Sie dann mit einer lokalen Airline (beispielsweise Thai VietJet Air) Ihr Ziel. Sollten Sie schon vorher in Thailand unterwegs sein, bietet sich auch eine Reise mit dem Nachtzug oder Bus an.

Täglich fahren mehrere Busse von Bangkok zum Chiang Mai Arcade Terminal, welches 5 km von der Altstadt entfernt ist. Die 713 km lange Fahrt dauert meist 10 Stunden bei einem Preis von 13 Euro aufwärts. Die Busse stehen in Sachen Comfort dem Flugzeug in nichts nach. Man sitzt bequem und neben Klimaanlage und Steckdosen sind sie auch meistens mit kostenfreiem WLAN ausgestattet. Ich habe mich für den Nachtzug entschieden und kann es wärmstens empfehlen. Die Fahrt war nicht nur angenehm, sondern ein echtes Erlebnis.

Um 18.10 Uhr steige ich mit vielen anderen Menschen, vor allem Geschäftsreisenden und nationalen Touristen, am Bangkok Hua Lamphong Bahnhof in den Special Express 1. Für 650 Baht, umgerechnet 18 Euro, habe ich ein Ticket für die Zweite Klasse ohne Aircondition erworben. Die Tickets für die 1. Klasse (1.650 Baht) und die Zweite Klasse mit Klimaanlage (1.050 Baht) lagen außerhalb meines Budgets. Der Zug ist bestimmt schon etwas älter, doch wirklich gut in Schuss. Außerdem ist der Innenraum klug designed und ich brauche eine Weile, um zu verstehen, wie ich aus den Sitzbänken mit Tisch später mein Bett zusammenbaue.

Mir gegenüber sitzt ein junger Mann. Er hat seinen Laptop auf den Tisch zwischen uns gestellt und tippt eifrig in die Tastatur. Ich stecke mir meine Kopfhörer in die Ohren. Es ertönt eine Stimme aus den Lautsprechern des Waggons, ich verstehe kein Wort, denn mein Thai-Vokabular reicht nicht über ein paar Floskeln hinaus. Ein Pfeifen ertönt und der Zug setzt sich in Bewegung. Vor dem Fenster ziehen Holzhäuser mit Wellblechdächern vorbei. Zwischen ihnen sind Wäscheleinen gespannt, auf denen bunte Tücher hängen. Der Zug nimmt ein wenig Geschwindigkeit auf und nun wechseln sich die verzerrten Silhouetten der Hütten mit den gläsernen Fassaden der Wolkenkratzer ab. Bunte Werbetafeln blenden meine Augen, doch je weiter wir aus der Stadt herausfahren, desto ruhiger wird der Anblick der Außenwelt und immer mehr Palmen lugen zwischen kleinen Häusern hervor.

Eine Frauenstimme reißt mich aus meinen Gedanken. Sie gehört einer Bahnangestellten, die mit einem Wägelchen durch den Gang fährt und den Passagieren Essen anbietet. Ich kaufe mir etwas. Es gibt gebratenen Reis, kao pat. Mein Gegenüber unterbricht seine Tätigkeit, um sich ebenfalls etwas zu kaufen. Nachdem er seine Plastikschale gelehrt hat, holt er eine Packung Kekse aus seinem Rucksack, als er meinen hungrigen Blick bemerkt, bietet er mir etwas an und wir kommen ins Gespräch.

Wir unterhalten uns auf Englisch, eine Sprache, die Bo hervorragend beherrscht. Er kommt aus Taiwan und studiert an der Universität in Chiang Mai. Wir plaudern sehr nett miteinander, während hinter dem Fenster langsam die Sonne untergeht. Es wird Zeit, die Betten fertig zu machen. Es befinden sich immer zwei übereinander. Ich wollte gerade das obere Bett herunterklappen, als eine Bahnangestellte mit einem freundlichen Lächeln auf den

Lippen mir die Arbeit abnimmt. Unsere Betten werden vorbereitet und frisch bezogen. Ich habe das obere, es ist preislich etwas günstiger, man hat ja auch kein Fenster. Ich laufe ein wenig durch den Zug und finde zwischen den Waggons zwei Waschbecken mit Spiegel, wo ich mir die Zähne putzen kann.

Alles ist sehr sauber, niemand drängelt und ich kann mich in Ruhe waschen. Die Toilette ist in einer kleinen Kabine daneben. Sie ist sehr simpel, eigentlich ist es mehr ein Loch im Boden, ein Hockklo, wie es in Thailand üblich ist. Durch das Loch kann ich die Schienen vorbeirauschen sehen. Trotzdem hat die Toilette ihr eigenes kleines Waschbecken mit Seife und Papierhandtüchern. Nachdem ich meine Abendroutine beendet habe, klettere ich über die Leiter in mein Bett und ziehe den Vorhang zu.

In meiner kleinen Höhle habe ich eine Steckdose, eine kleine Lampe und ein Netz, wo ich mein Buch und mein Handy verstauen kann. Zum Lesen bin ich jedoch viel zu müde. Das Schaukeln des Zuges wiegt mich langsam in den Schlaf. Gegen 6.30 Uhr geht im Waggon das Licht an und in allgemeiner Unruhe fangen die Passagiere an, ihre Sachen zusammenzupacken. Wieder kommen Angestellte durch den Gang und verwandeln die Betten in Sitzbänke zurück. Ich bin ausgeruht und kann unsere Ankunft gar nicht erwarten. Um 7.15 Uhr ist es soweit und der Zug fährt pünktlich in den Bahnhof ein. Bo und ich tauschen noch Handynummern aus, bevor wir uns verabschieden und er verspricht, mir irgendwann den coolsten Club der Stadt zu zeigen.

In der Stadt

Ich trete aus dem Schatten des Vordaches und genieße die wärmenden Strahlen der Morgensonne. Vor dem Bahnhofsgebäude stehen schon ein paar TukTuks und Songthaeos, das sind rote Sammeltaxis, die einen Teil des öffentlichen Verkehrs ausmachen, denn sie fahren feste Routen, machen aber auch manchmal Ausnahmen.

Mit 10 Baht pro Person pro Fahrt sind Songthaeos definitiv das günstigste Fortbewegungsmittel. Für eine „Sonderfahrt" kann es aber auch mal teurer werden, je nachdem wie gut Sie verhandeln. Geht der Preis über 600 Baht, dann sitzen Sie in einem Pick Up der „Red-Truck-Mafia": Sie sollten auf jeden Fall vor Fahrtantritt den Preis ausmachen. Ich entscheide mich jedoch, nicht direkt zum Hostel zu fahren, da mich der süßliche Geruch eines Essensstandes am Straßenrand schon in den Bann gezogen hat. Ohne Frühstück bin ich nur ein halber Mensch.

Ich gehe also zu der Frau hinüber, die hinter einer Art Crepepfanne steht. Sie brät in ordentlich Butter eine Art Pfannkuchen. „Sawadii Ka", begrüße ich sie und deute auf den Teig, den sie in der Pfanne wendet. Wir verstehen uns. Sie bereitet mir eines dieser Leckerbissen zu und lässt mich zwischen Schokolade, Kokosmilch oder Kondensmilch als Topping wählen.

Ich entscheide mich für die Schokolade und steuere, glücklich über das Essen in meiner Hand, auf den nahegelegenen Park zu. Wie ich später erfahren sollte, habe ich gerade Thai Gluay Roti käuflich erworben, das ist der Name dieser süßen Sünde. Auf einer Bank, im Schatten eines Baumes, verputze ich mein Frühstück und gehe dann wieder zurück zur Straße, um ein Songthaeo abzufangen.

DIE UNTERKUNFT

Das Hostel The Living Place 2 befindet sich in der Gegend um den Night Bazaar in einem muslimischen Viertel und soll für die kommende Woche mein Zuhause sein. Der Sungthaeo-Fahrer biegt in eine kleine Gasse, wo sich Essensstände aneinanderreihen. Er hält vor einem Eingang mit roter Markise. Ich bezahle und möchte eintreten. Ein Schild bittet die Gäste, ihre Schuhe auszuziehen.

Das Foyer ist klein, aber sehr gemütlich eingerichtet. An den gelb gestrichenen Wänden hängen künstlerische, abstrakte Malereien und sogar eine Akustikgitarre. Ich checke ein und lasse mir von Luffy die Räumlichkeiten zeigen. Hinter dem Aufenthaltsraum ist eine kleine Küche, wo Tee und Kaffee für die Gäste bereitstehen. Ich kann gerne ein paar Lebensmittel im Kühlschrank aufbewahren, doch umfangreiche Kochaktionen sind nicht erwünscht.

Wir gehen eine schmale Treppe hinauf, das Geländer ist aus dunklem Holz. Das gesamte Hostel hat einen verspielten Charme, die Wände sind bunt, überall findet man kleine Mosaike und Kunstwerke. Es gibt viele kleinere Badezimmer, bunt gefliest, mit Dusche, Toilette, Waschbecken, Spiegel, Föhn, Seife und Shampoo ausgestattet. Ich habe ein

Doppelzimmer für mich allein und zahle 18,34 Euro (ca. 655 Baht) pro Nacht. Es gibt außerdem gemischte Schlafsäle mit sechs oder vier Betten, die pro Nacht jeweils 6,12 Euro oder 6,58 Euro kosten. Mein Zimmer hat vier Fenster, aus denen man auf den Hinterhof und die kleinen Balkons anderer Häuser blicken kann, es ist also angenehm hell.

Die Wände sind in Terrakotta gestrichen und schenken eine warme Atmosphäre. Neben einem großen Doppelbett, auf dem bereits Handtücher für mich bereitliegen, befindet sich im Zimmer eine blaue Couch und ein Schminktisch mit Spiegel. Überall im Hostel kann man sich mit dem WLAN verbinden und so mache ich bequem erst einmal einen Videoanruf nach Hause von meinem Bett aus und erzähle meiner Familie von der Anreise.

Günstige Unterkünfte

Es gibt insgesamt drei **The Living Place** Hostels in Chiang Mai, die ich alle wärmstens empfehlen kann. Das Team weiß genau, wie es eine Atmosphäre erschafft, in dem sich jeder wohlfühlt. Sie sind mit Liebe eingerichtet und ein toller Ort, um Bekanntschaften aus aller Welt zu machen. Alle drei befinden sich östlich der Altstadt zwischen Tha Phae Gate und Ping River.

Wenn Sie mit der Familie reisen, ist das **Galare**

Guest House eine sehr gute Übernachtungsoption. Das Familienunternehmen gibt es bereits seit 30 Jahren. Es ist mit seiner traumhaften Lage am Ping River und dem erfahrenen, freundlichen Team schon so manchem Gast ein zweites Zuhause gewesen. Die Zimmer sind großzügig ausgestattet, mit einer Klimaanlage, einem Kühlschrank, Kabelfernsehen und kostenfreiem WLAN. Das hauseigene Restaurant liegt direkt am Wasser und serviert Ihnen authentische thai, aber auch westliche Gerichte. Je nach Saison liegt der Preis für ein Doppelzimmer zwischen 25 und 35 Euro pro Nacht.

Hochpreisige Unterkünfte

Das **Ban Hanibah** liegt im Nordosten der Altstadt, umgeben von den beliebtesten Sehenswürdigkeiten Chiang Mais. Es ist ein im altertümlichen Lan Na-Stil gebautes Haus aus Teakholz und verfügt über einen idyllischen Garten. Hier kann man jeden Morgen ein leckeres Frühstück genießen und in Ruhe den Tag planen. Die Zimmer verfügen über einen Flachbildfernseher, Klimaanlage und WLAN, neben stilvoller Einrichtung aus dunklem Holz mit der ein oder andern Schnitzerei. Ein nettes, zuvorkommendes Team wird Ihnen den Aufenthalt so angenehm wie möglich gestalten und das bei einem Preis ab 50 Euro pro Nacht.

Falls Sie nach einer außergewöhnlich luxuriösen Unterkunft suchen und bereit sind, entsprechend viel Geld dafür auszugeben, empfehle ich Ihnen das **Rachamankha Boutique Hotel.** Die Architektur des Hauses gleicht einer Tempelanlage im Lan Na-Stil. Von außen verrät es seine Pracht zunächst nicht, doch wenn Sie durch das Eingangstor getreten sind, offenbaren sich Ihnen kleine und große Hinterhöfe und Gärten, die in architektonischer Raffinesse miteinander verbunden sind. Die Hotelanlage umfasst einen Pool, wo Sie vom Personal mit kühlen Getränken und Snacks versorgt werden, einen Massage-Pavillon und sogar eine eigene Bibliothek mit über 2.000 Büchern. Im Restaurant werden traditionelle Lan Na, aber auch burmesische und Gerichte im Shan-Stil serviert. Die Küche überzeugt mit eleganter Simplizität und bringt Ihnen den Geschmack von Chiang Mai auf einen Teller.

Eingerichtet mit antikem Mobiliar ist jedes Zimmer einzigartig. Wände aus traditionellem Kalkputz oder handgefertigten Backsteinen wie im 13. Jahrhundert, kombiniert mit der neuesten Unterhaltungstechnik, erschaffen einen zeitlosen Raum. Genießen Sie den Aufenthalt im Rachamankha Hotel mitten in der Altstadt ab 170 Euro pro Nacht.

DIE ALTSTADT

Die Altstadt ist in einem Quadrat aufgebaut und durch einen Wassergraben sowie eine noch teilweise erhaltene Ziegelsteinmauer begrenzt. Die Befestigungsanlagen stammen aus der Zeit von König Mangrai und wurden gebaut, um die Stadt vor den Burmesen zu schützen.

In jeder Himmelsrichtung befindet sich ein Tor. Im Norden Chang Puak, im Osten das Tha Phae Gate, im Westen Suan Dok und das ehemalige Haupttor Pratu Chiang Mai befindet sich im Süden. Selbst jede Ecke des Quadrates hat einen Namen und eine Zitadelle. Hua Lin im Nordwesten, Si Phum im Nordosten, Ku Huang im Südwesten und Katam im Südosten. Falls Sie sich die Namen merken können, bietet das eine gute Orientierungsgrundlage. Die Altstadt überzeugt mit ihrer altertümlichen Art.

In fast jeder Straße finden Sie einen Tempel und zwischen einer Menge Touristen flanieren buddhistische Mönche in orangefarbenen Roben durch die engen Gassen. Es ist erstaunlich ruhig und man kommt von Zeit zu Zeit an einem kleinen Park vorbei, der zum Verweilen einlädt. Im Zentrum steht das Three Kings Monument „Anusawari Sam Kasat", welches die Freundschaft zwischen König Mangrai von Lan Na, König Rhamkhamhaeng von Sukhothai und König Ngam Muang von Phayao widerspiegelt, mithilfe jener Chiang Mai gegründet wurde. Das Denkmal steht vor dem Chiang Mai City Arts and Cultural Center, welches Sie besuchen können, um Genaueres über die Geschichte der Stadt zu erfahren.

Wenn Sie des Sightseeings überdrüssig sind, bietet Ihnen die Altstadt eine riesige Auswahl an Restaurants und Cafés oder entdecken Sie außergewöhnliche Street Art, welche so manche Mauer ziert.

Mein erster Tag

Luffy hat mir von einer Stadtrundfahrt erzählt, die immer von Mittwoch bis Sonntag zwei Routen täglich fährt. Die erste habe ich verpasst, sie starten um 9 Uhr und gehen zwei Stunden. Aber für die Rundfahrt, die um 13 Uhr startet, ist es noch nicht zu spät.

Der erste Halt ist am Wat Phra Singh, welcher ungefähr 40 Gehminuten von The Living Place 2 entfernt ist. Ich mache mich also auf den Weg. Zunächst führt dieser durch schmale Straßen, vorbei an kleinen Restaurants, Massagestudios und fahrbaren Garküchen, bis ich auf die Thapae Road gelange. Jetzt geht es immer geradeaus. Es ist sehr warm und ich bin froh, über das Basecap, welches meinen Kopf vor der Mittagssonne schützt. Als ich an einem Fahrradverleih vorbeikomme, entscheide ich mich spontan dafür, eines auszuleihen. 4 Euro kostet mich ein normales Citybike pro Tag. Das Fahrrad ist ziemlich neu und fährt einwandfrei, so bewege ich mich viel schneller durch die Straßen und kann mich geschickt an den sich stauenden Autos vorbeischlängeln. Das ist nicht ganz ungefährlich. Zum Glück habe ich für geringen Aufpreis einen Helm dazu bekommen.

Die Night Bazaar Area ist hektisch: Viele Läden, viel Verkehr, riesige Werbeplakat zieren die modernen, aber einfachen Häuser. Nach 10 Minuten erreiche ich das Tha Phae Gate. Ein Tor in der historischen Ziegelsteinmauer, bewacht von zwei Elefantenstaturen in güldenem Gewand. Davor erstreckt sich ein Beet, wo Blumen verschiedenster Farben ein Muster ergeben. Ich bahne mir meinen Weg durch die Altstadt, sauge alles in mich auf. Es sind so viele neue Eindrücke, so viele Gerüche, Farben, Töne.

Der Wat Phra Singh liegt gegenüber des Suan Dok Gates, innerhalb der Altstadt. Die goldenen Chedis des Tempels glitzern in der Sonne. Alles ist so prunkvoll, so königlich, so elegant mit den aufwendigen Schnitzereien, welche die Gebäude verzieren. Ich kann den Tempel leider nicht betreten, der Eintritt ist zwar frei, aber ich bin nicht angemessen gekleidet. Doch lohnen würde es sich sicherlich. Die

Bibliothek ist ein Meisterwerk der Holzbaukunst und im Inneren der Lai Khan-Kapelle sollen Malereien die Wände zieren, die das Leben am Hofe und wunderschöne nordthailändische Landschaften darstellen. Von außen ist der Wat Phra Singh aber auch sehr schön anzusehen, außerdem hält just in diesem Moment der „Green at Heart"-Sightseeing-Bus und ich steige ein.

Wir fahren zum Warorot Market, er ist ein Teil von Kad Luang, Old Chinatown, den anderen Teil bildet Talad Ton Lam Yai Market, welcher parallel des Ping Flusses verläuft. Warorot Market ist der älteste Markt der Stadt und liegt direkt am Ping River. Er wurde vor hunderten von Jahren gegründet, als der Schiffshandel zwischen Bangkok und Chiang Mai florierte. Das dreistöckige Gebäude ist ein Epizentrum des Handels, wo es wirklich alles zu kaufen gibt. Von frischem Obst und Gemüse über Kleidung, Küchengeräte, Spielzeug oder Blumen bis hin zu religiösen Accessoires. Es ist der perfekte Ort, um das alltägliche Leben der „Locals" kennenzulernen.

Der nächste Halt ist: Wat Kate-Community. Eine Gemeinschaft, die darum bemüht ist, das traditionelle Erbe der Stadt zu wahren. Sie liegt östlich des Mae Ping River, hinter der Nakornping's Bridge. Im 18. Jahrhundert war die Wat Kate Zone ein wichtiger

Hafen für Schiffe von Bangkok und anderen südlichen Provinzen nach Chiang Mai, deshalb ist die Gemeinschaft ethnisch sehr vielfältig. Menschen verschiedenster Nationalitäten, Englisch, Chinesisch, Indisch und viele mehr, nutzten damals diese Handelswege und siedelten sich dort an. Das spiegelt sich auch in den Gebäuden der Gegend wider.

Die Häuser sind meist aus Holz und ein interessanter Mix aus z.B. klassischer chinesischer und Lan Na-Style Architektur. Die Menschen leben friedlich in religiöser Diversität zusammen, Moslems, Buddhisten, Christen, Sikh und weitere. Das Zentrum der Community ist der Wat Kate Tempel, indem sich ein Museum befindet, welches zu einer Reise in die Vergangenheit einlädt. Leider muss die Gemeinschaft immer wieder um ihren Fortbestand kämpfen, da die Regierung durch zum Beispiel moderne Bauprojekte die altertümliche Wohnstruktur und Lebensweise gefährdet.

Die letzte Station ist der Gymkhana Club in der Kawila Gegend, nahe des Kawila Hospital. Doch wir kommen nicht zum Golf spielen. Auf dem Gelände des Sportclubs steht ein sehr alter, riesiger Regenbaum unter dem sogar regelmäßig Konzerte stattfinden. Ich fahre mit dem Bus wieder zurück zum Wat Phra Singh. Dort habe ich mein Fahrrad stehen lassen. Ich möchte zurück zum Hostel und auf dem Weg das Fahrrad abgeben. Dort angekommen, setze ich mich auf eines der Sofas, die im Aufenthaltsraum stehen. Das weiche Kissen gibt unter meinem Gewicht nach und ich lasse mich erschöpft in die Lehne sinken. Die Hitze hat es in sich und ich nehme mir etwas Zeit, die Eindrücke der Tour zu verarbeiten.

Ein junger Mann spielt Gitarre und singt dazu. Ich schließe die Augen und genieße den Moment. Als ich sie wieder öffne, hat eine Gruppe Neuankömmlinge das Foyer betreten und die Stimmung wird etwas unruhig. Ich gehe in die Küche, um mir einen Tee zu holen, da gesellt sich der Gitarrist zu mir und stellt sich vor. Sein Name ist Mike, er kommt aus London und ist schon seit zwei Monaten mit dem Rucksack in Thailand unterwegs. Wir beschließen, einen Spaziergang zum Fluss zu machen. Beim Überqueren der Nawarat Bridge werden wir von einer Gruppe vermutlich thailändischer Mädchen angehalten. Sie wollen ein Foto mit uns machen.

Etwas verwirrt willigen wir ein. Wir reden noch eine Weile darüber und kommen zu dem Schluss, dass sie wohl unser stereotypes, nordeuropäisches Aussehen mochten: groß gewachsen, blond, blaue Augen, helle Haut. Wobei Menschen dieses Phänotyps in Chiang Mai keine Seltenheit mehr sind. Wir schlendern am Flussufer entlang und atmen die laue Abendluft. Es dämmert und wir setzten uns auf die Steine am Ufer, von wo aus wir einer Gruppe Männern beim Angeln zuschauen können. Nach einer Weile kommt einer von ihnen zu uns rüber. Mit unbeholfenen Gesten deutet er uns, näher zu kommen und das tun wir auch.

Er spricht nur ein paar Worte Englisch: „You want?", fragt er und hält mir seine Angel entgegen. Ich nehme sie leicht zögerlich an, weiß aber nicht, was ich tun soll. Er nimmt sie mir wieder aus der Hand und wirft die Leine mit einer gekonnten Handbewegung ins Wasser, um sie dann wieder einzuholen. Jetzt bin ich an der Reihe. Ich versuche, es ihm gleich zu tun, aber es ist gar nicht so einfach, wie es aussieht. Mike ist weg, bei all dem Angeln habe ich es gar nicht mitbekommen.

Ich gucke mich um, gehe den Hang hinauf und sehe, wie er grinsend mit einem der Männer auf mich zukommt. „He took me to his place to take a shower", erklärte er. Doch ehe er mir Genaueres erzählen kann, werden wir nun beide zum Angeln aufgefordert. Unser Lehrer stellt sich vor: Sein Name ist Marún, er angelt hier jeden Abend. Er bringt uns ein paar Worte Thai bei: Wo gehst du hin? – Kun ja pai nai?, Ich gehe nach Chiang Mai. – Chan ja bai Chiang

Mai. Angel heißt „dog ba" und Fisch einfach „ba". Irgendwann knurrt uns der Magen und wir verabschieden uns, um ein Restaurant aufzusuchen.

Wir gehen ins **Riverside** in der Charoen Rat Road. Das Lokal mit Terrasse zum Fluss hat Kultstatus erlangt. Seit 1984 kann man hier Steaks, Burger, Sandwiches und authentisches Thaifood essen, während man live den heißesten Musikern der Stadt zuhört. Nach 21.30 Uhr wird das Restaurant zum Partyplace und zu Rock, Pop, Reggae, Funk, Soul oder den neuesten Charts schütteln Locals und Touristen, was sie haben.

RESTAURANTS

Ein Insider-Tipp, um traditionelle Thai-Küche zu erleben, ist das **Aroon Rai** in der Kotchasan Road am Tha Phae Gate. Das Restaurant existiert schon seit über 50 Jahren und serviert seinen Kunden qualitativ hochwertige Gerichte zu geringem Preis. Das Lokal ist typisch für die Esskultur Thailands.

Auf ein exquisites Ambiente wird nicht viel wert gelegt. Es ist vielmehr ein großer Saal, mit einfachen Tischen und Plastikstühlen ausgestattet. Das Licht ist grell und Bilder des thailändischen Königs sowie Regale gefüllt mit altertümlichem Geschirr dekorieren die Wände. Zur Straße hin ist der Raum offen und auch draußen gibt es Sitzmöglichkeiten. Die Auswahl an Speisen ist riesig. Probieren Sie das vermutlich beste Khao Soi der Stadt oder eines der köstlichen Currygerichte.

Sollten Sie einmal die deutsche Küche vermissen, dann besuchen Sie doch das **Auf der Au Garden**. Es befindet sich südöstlich der Altstadt: 20 Soi 3, Loi Kroh Road. Es gibt ein großes Buffet mit deutschem Gebäck, wie Stollen, Laugenbrezeln, leckerem Zitronenkuchen und vieles mehr. Als Hauptgang können Sie zwischen Weißwürsten mit Sauerkraut, Schnitzel und Petersilienkartoffeln, Kartoffelbrei mit Rahmenspinat oder hausgemachten Suppen wählen. Das Frühstücksangebot ist ebenso umfangreich und lässt so manches, von Heimweh geplagtes Herz höherschlagen. Das Mobiliar erinnert an eine bayerische Kneipe und passt nicht so recht zur modernen Räumlichkeit.

Sie können auch draußen, auf der Terrasse hinterm Haus, ein schattiges Plätzchen aufsuchen, um Ihre Schweinshaxe zu genießen. Bei einem langen Auslandsaufenthalt tut es wirklich gut, heimische Küche genießen zu können. Am meisten fehlte mir das deutsche Brot während meiner Thailandreise.

Thaiküche

Die thailändische Küche gilt als eine der besten der Welt. Sie ist unverwechselbar, gleichwohl sie von den Küchen Chinas, Indiens und Malaysias beeinflusst ist. Trotz ihrer würzigen und oft scharfen Note ist sie äußerst bekömmlich.

Um den einzigartigen Geschmack zu kreieren, benutzen Thais sehr gerne Knoblauch und Chili, aber auch viele andere Pasten, Kräuter und Gewürze, wie Koriander, Zitronengras, Thaibasilikum, Minze, Curry, eine Paste aus Garnelen oder Sojasauce. Beliebt sind auch Ingwer und Tamarinde. Letzteres ist eine fleischige, rotbraune Hülsenfrucht mit einem sehr speziellen säuerlich-süßen Geschmack, welche oft in Currygerichten verwendet wird. Obwohl Meeresfrüchte und Fleisch sehr häufig verwendet werden, ist es kein Problem, vegetarische oder vegane Speisen in den Menükarten der Restaurants zu finden. Zu einem großen Teil bestehen die traditionellen Gerichte aus kurz gegartem Gemüse, welches durch diese Art der Zubereitung schön knackig bleibt und die wertvollen Vitamine behält.

Normalerweise wird mit Löffel und Gabel gegessen. Letztere dient ausschließlich dazu, den Bissen auf den Löffel in der rechten Hand zu schieben. Nudelgerichte und Suppen werden mit Stäbchen verzehrt, welche aus China übernommen wurden. Ein klassisches Thai-Menü besteht aus Speisen mit fünf verschiedenen Geschmacksrichtungen: süß, sauer, salzig, bitter und scharf. Die einzelnen Gerichte stehen in der Mitte des Tisches, dazu gibt es einen Topf voll Reis. Nun kann sich jeder etwas auf seinen Teller nehmen, wobei möglichst darauf geachtet wird, die verschiedenen Geschmäcker nicht zu vermischen.

Kaeng pa ist eine Variation des Thai-Currys, wobei „Kaeng" für Curry und „pa" für Wald steht, die hauptsächlich in den nördlichen Regionen gegessen wird. Anders als in den meisten Thai-Currys wird keine Kokosmilch verwendet, aus dem einfachen Grund, dass die Kokospalmen in den bewaldeten, höher gelegenen Gegenden Thailands nicht gut gedeihen. Das Gericht ist eher wässrig, jedoch sehr würzig und enthält klassischerweise Kaffir-Limette, ein zitronenähnliches Gewürz, grünen Pfeffer, Knoblauch, Chili, Galangal (thailändischer Ingwer) und Aubergine. Üblicherweise gibt es dazu Schwein oder Hühnchen.

Ein weiteres populäres Gericht der nordthailändischen Küche ist **Khao Soi.** Dies ist eine Art Nudelsuppe mit gebratenen sowie gekochten Eiernudeln, eingelegtem Senfgrün, Schalotten, Limette und in Öl gebratenen Chilischoten. Serviert in einer curryähnlichen Soße wird meistens Rind oder Hühnchen, was wahrscheinlich auf den Einfluss chinesischer Muslime zurückzuführen ist.

Eine bei Touristen eher bekannte Speise ist **Pad Thai**. Das hauptsächlich als Streetfood verkaufte Reisnudelgericht wird in einem Wok gebraten und so gleichmäßig auf eine hohe Temperatur erhitzt. Hinzugegeben werden Eier, Tofu, Erdnüsse und verschiedenes Gemüse, wie gesprossene Bohnen, Knoblauchzehen, eingelegter Rettich und rohe Bananenblüten. Doch den außergewöhnlichen, säuerlichen Geschmack erhält Pad Thai dank einer Sauce aus Tamarinde, Fisch, Limette, rotem Pfeffer, getrockneten Schrimps und Palmenzucker.

Som Tam – Papaya salad, ist eine ursprünglich laotische Speise. Wie der englische Name verrät, besteht das Gericht hauptsächlich aus Papaya, welche unreif verarbeitet wird, aber auch aus zerstoßenem Gemüse und ist bekannt für seinen sauren und scharfen Geschmack. Aus diesen Eigenschaften setzt sich sein Name zusammen.

Das Wort „Som" bedeutet sauer und „Tam" heißt übersetzt zerstoßen. Im Som Tam werden alle Geschmacksrichtungen der thailändischen Küche miteinander vereint. Süßer Palmzucker, saure Limetten, scharfe Chilischoten und salzige Fischsoße. Eine weitere Zutat ist Pla Raa, ein eingelegter, gesalzener und vergorener Fisch. Hört sich für europäische Ohren gruselig an, ist es aber wert, probiert zu werden.

Mit diesem kleinen Einblick in die Thaicuisine, der ihren ganzen Umfang gar nicht erahnen lässt, fällt es Ihnen hoffentlich leichter, sich im Restaurant für ein Gericht zu entscheiden.

BUDDHISMUS

Der Buddhismus ist die Volksreligion Thailands. Rund 94 Prozent der Einwohner sind Anhänger dieser Religion. Ihr Stellenwert im Leben der Thais ist hoch, wie es die über 300 Tempel in und um die Stadt Chiang Mai repräsentieren. Was den Buddhismus von allen anderen Religionen unterscheidet, ist, dass es keinen Gott gibt. Er gründet auf dem Leben eines indischen Mannes, welcher vor 2.500 Jahren geboren wurde. Siddhartha Gautama, auch bekannt als Buddha.

Das Wort „Buddha" bedeutet „der Erwachte" und Siddhartha war der erste Mensch, der diese Erfahrung gemacht hat. Er erreichte durch eigene Kraft den Zustand tiefer Erkenntnis und verbreitete daraufhin seine Lehre, wie er diese Transzendenz erreichte. Siddharta stammte aus einem wohlhaben-den, hinduistischen Adelshaus und wuchs abge-schirmt von allen weltlichen Leiden auf.

Sein Vater ließ ihn nur selten aus und wenn doch, ließ er die Alten und Kranken von der Straße entfernen. Eines Tages verließ Siddhartha das Haus ungefragt und sah sich der Realität des Lebens und Leides der Menschen gegenübergestellt. Er erkannte die Sinnlosigkeit seines bisherigen Daseins und zog in die Welt hinaus, um einen Weg zu finden, dem Leid ein Ende zu setzen. Der Kern seiner Lehre be-steht aus vier edlen Weisheiten und dem Achtfachen Pfad. Ersteres sind folgende: 1. Alle Lebewesen er-fahren Leid in ihrem Leben, 2. Dieses wird meist aus-gelöst durch Gier, Hass und Verblendung, 3. Erst wenn man seine Ursachen bekämpft, kann man das Leid besiegen, 4. Um das Leid zu besiegen, muss man dem Achtfachen Pfad folgen.

Jener ist definiert durch moralisches Denken und Handeln sowie der Erlangung geistiger Klarheit durch Meditation. Die acht Pfade, welche zur Er-leuchtung führen, sind: rechte Einsicht, rechte Ge-sinnung, rechte Rede, rechtes Tun, rechter Lebens-unterhalt, rechte Anstrengung, rechte Achtsamkeit und rechte Konzentration. „Rechtes" ist hier gemeint als „Vollkommenes", „Angemessenes", „auf das

Ganze bezogenes". Daraus lassen sich folgende Grundprinzipien ableiten: 1. Man soll keinem Lebewesen das Leben nehmen, 2. Man soll keinen Besitz an sich nehmen, der jemandem gehört, 3. Man soll keine unheilsamen sexuellen Beziehungen führen, 4. Man soll nicht lügen oder Versprechen brechen, 5. Man soll sich fernhalten von Alkohol und Drogen, da sie den Geist benebeln. Wer wie Buddha „erwacht", hat den ewigen Kreislauf von Tod und Wiedergeburt durchbrochen und wird nach seinem Ableben ins Nirwana übergehen, dem Ende allen Leidens, beziehungsweise hat er es schon zu Lebzeiten erreicht. Der Buddhismus lässt sich in drei Hauptströme unterteilen: Hinayana („kleines Fahrzeug"), Mahayana („großes Fahrzeug" und Vajrayana („Diamantfahrzeug").

In Thailand bekennen sich die meisten Menschen zum Hinayana-Buddhismus und seiner einzigen noch existierenden Form Theravada, „die Lehre der Älteren". Diese bezieht sich auf jene Mönche, welche selbst die Worte Buddhas vernommen und transkribiert haben und somit auf die ältesten erhaltenen Schriften. Buddhismus ist nicht nur eine Religion, sondern viel mehr ein Lifestyle, der zu mehr Glück und Zufriedenheit führen soll.

Fast alle jungen thailändischen Männer gehen

für einige Tage, Wochen, Monate oder gar Jahre als Novizen ins Kloster, bereits ab einem Alter von zwölf Jahren. Gerade für die Landbevölkerung ist es ein guter Weg, bessere Bildung zu erlangen. Denn neben Religionsunterricht werden in den Mönchsschulen auch andere Fächer unterrichtet, zum Beispiel Englisch. Mit dem 21. Lebensjahr tritt man dem Mönchsorden bei. Viele verlassen vorher das Kloster und kehren als Laien in ihr vorheriges Leben zurück. Andere führen ihres als Mönch weiter, wobei man in Thailand jederzeit aus dem Orden austreten und auch wieder eintreten kann. Nonnen, Novizen und Mönche genießen ein besonderes Ansehen, so ist es zum Beispiel untersagt, als Mensch des anderen Geschlechts einen Mönch oder eine Nonne zu berühren oder sich zum Beispiel im Bus neben die Person zu setzen. Mönche und Nonnen folgen strikten Regeln und verbringen einen Großteil des Tages mit Meditation.

Alltägliche Arbeiten wie Kochen, Wäsche waschen und Putzen gehören auch zu den Aufgaben eines Mönchs sowie Gartenarbeit oder der Tourismusbetrieb des Klosters. Wenn Sie mehr über das Leben als Mönch erfahren möchten, dann können Sie einen Tempel besuchen, in dem Gesprächsrunden mit Mönchen angeboten werden. Davon gibt es einige in

Chiang Mai.

Tempel

Der **Wat Chedi Luang** bietet täglich von 9.00 bis 18.00 Uhr solche Gespräche an, denn er ist Teil der buddhistischen Universität Mahamakut. Er liegt mitten in der Altstadt und sein Chedi ist mit einer Höhe von 54 Metern der größte in ganz Chiang Mai. Einst war er sogar 86 Meter hoch, jedoch wurde er bei einem Erdbeben 1545 teilweise zerstört. In seinen Hallen befindet sich eine Kopie des Smaragd-Buddhas.

Der **Wat Umong**, auch „Tempel des Waldes" genannt, liegt am Fuße des Doi Suthep. Die Anlage ist ein bewaldeter Park und lädt mit kleinen Seen und an Bäumen zu findenden Sinnsprüchen zum Spazieren ein. Er wurde 1297 von König Mangrai erbaut und beinhaltet ein einzigartiges Tunnelsystem mit wunderschönen Wandmalereien sowie etlichen Schreinen mit Buddha-Figuren. Auch hier können Sie montags, mittwochs und freitags zwischen 17.30 und 19.30 Uhr im Schatten der Bäume ein interessantes Gespräch mit einem Mönch führen und mehr über den Buddhismus erfahren.

Falls Sie selbst nach spiritueller Erfahrung suchen und sich in Meditation üben wollen, dann können Sie jede Woche von Dienstag bis Mittwoch einem Meditations-Retreat im Tempel **Wat Suan Dok** beiwohnen. Er liegt einen Kilometer westlich des gleichnamigen Tores und ist mit seinen unterschiedlichen, weißen Chedis ein echter Hingucker. In seiner großen, offenen Gebetshalle steht eine riesige Bronzestatue Buddhas, die zu den größten metallenen Statuen des Landes zählt. Von 6.00 bis 17.00 Uhr ist der Tempel für Sie geöffnet.

Im Nordosten der Altstadt steht der älteste Tempel Chiang Mais, **Wat Chiang Man**. Er wurde 1296 errichtet und war angeblich die Residenz von König Mangrai. Heute beherbergt er eines der wertvollsten Kunstwerke Thailands. Ein Bildnis des Buddha namens „Phra Sae Tang Kamani" oder auch „Kristall Buddha".

Eine historisch bedeutende Ausgrabungsstätte, wo Sie heute einige sehenswerte Tempel besuchen können, befindet sich 5 km südlich von Chiang Mai und ist gut mit dem Motorroller zu erreichen. **Wiang Kum Kam** ist eine ehemalige Residenz des König Mangrai, die lange nur eine Legende war. Nach Eroberung der Hauptstadt Harpiphunchai, dem heutigen Lamphun, des Mon-Reiches im Jahre 1281 ließ sich Mangrai dort nieder. Er zog jedoch 1287 weiter nordwärts in einen Bogen des Ping Flusses, der so im Norden und Osten eine natürliche

Verteidigungslinie bot. Hier errichtete er eine rechteckige, mit Palisaden befestigte Stadt, baute für seine Bevölkerung einen Marktplatz, darum Wohnhäuser und einige Tempel. Er selbst wohnte in einem königlichen Palast, bestehend aus mehreren Gebäuden.

Nach fünf Jahren verließ er jene Residenz und zog noch weiter nördlich entlang des Flusses und gründete das heutige Chiang Mai. Wiang Kum Kam geriet für lange Zeit in Vergessenheit, nachdem im 16. Jahrhundert eine verheerende Überschwemmung die Siedlung mit einer meterdicken Schlammschicht bedeckte und unbewohnbar machte. 1986 und 1987 wollten Wissenschaftler der Universität Chiang Mai den Legenden um diesen Ort auf den Grund gehen und begannen mit Untersuchungen in einem Gebiet zwischen Chiang Mai und Lamphun und legten die Fundamente von dreißig Tempeln frei.

Der Namensgeber der Siedlung, der Tempel **Wat Ku Kham,** ist auch der älteste der Siedlung. Er wurde 1288 von Mangrai errichtet und wird heute **Wat Chedi Liam** genannt. Er ist bekannt für sein imposantes Erscheinungsbild. Der pyramidenförmige Tempel hat insgesamt 60 Nischen, in welchen Buddhastatuen stehen. Angeblich stehen die 60 Nischen für die 60 Ehefrauen von Mangrai.

Der **Wat Chang Kham** oder auch **Wat Kann Thom** liegt im Herzen der ehemaligen Siedlung. Er wurde 1291 gebaut und enthält der Legende nach Überreste des Geistes von Mangrai. Sein Chedi wurde im typischen Lan Na-Stil errichtet.

Wat Pu Pia lag vor seiner Freilegung unter 2 Metern Erde begraben in einer Obstplantage. Er steht direkt an der westlichen Stadtmauer. Besonders schön ist der mit Nagaköpfen verzierte Treppenaufgang zum Wihan, der Versammlungshalle. Naga ist ein Schlangenwesen der indischen Mythologie. Der Name des Tempels ist nicht überliefert und wurde von den Bewohnern der Umgebung bestimmt.

Das sind nur drei von vielen sehenswerten Tempeln in Wiang Kum Kam. Am besten beginnen Sie Ihren Besuch im Informationszentrum. Hier können Sie Fahrräder mieten oder sich mit einer Kutsche durch die Anlage fahren lassen.

NACHTLEBEN

Es ist Freitagabend und ich bin mit Bo verabredet, um sein Versprechen einzulösen. Wir haben ausgemacht, dass er mich in das Nachtleben Chiang Mais einweiht. Wir treffen uns am Chang Phuak Gate. Es ist 20 Uhr, die Sonne ist bereits untergegangen, doch der Asphalt ist noch ganz warm.

Bo sagt: „Let's start with something classy" und führt mich durch das Tor hindurch in die Altstadt, zu unserer Linken ist ein kleiner Laden, **The North Gate Jazz Co-Op** steht über dem Eingang, davor ein paar rauchende Männer. Wir gehen an die Bar und bestellen uns jeder ein Bier. Chang heißt das Bier von hier. Ein paar Plätze sind noch frei, die Musiker stimmen ihre Instrumente, machen einen letzten Soundcheck, dann geht es los.

Die Band besteht aus einem Schlagzeuger, zwei Bassisten und einem Saxophonist, sie spielen mit so großer Leidenschaft, dass keiner stillhalten kann. Die Leute wippen mit den Füßen, schnipsen zum Rhythmus, wiegen hin und her. Es wird immer voller, selbst auf dem Bürgersteig stehen die Leute und hören zu. Die Stimmung ist großartig. Bald schon wird getanzt, sofern es der Platz zulässt. Ein kleines Bier kostet hier 65 Baht (ca. 1,60 Euro) und wir trinken einige davon. Der Ort zieht mich in seinen Bann und bald schon verlasse ich meinen Sitzplatz und gehe nach vorne zur Band. Die Musik ist laut, sie schirmt mich ab von der Außenwelt und ich tanze, wie es mir gefällt.

Bo tippt mir auf die Schulter, lehnt sich zu mir rüber, um direkt in mein Ohr sprechen zu können: „There is another one, I'd like to show you." Ich nicke, um zu zeigen, dass ich ihn verstanden habe und folge ihm durch die Menschen zum Ausgang. Wir spazieren die Straßen entlang, lachen, albern herum. Bo streckt den Daumen raus und hält ein Songthaeo an. Wir fahren Richtung Universität. Auf der Nimmanhaemin Road werden wir rausgelassen.

Zur Straße hin ist eine große Terrasse. Die Tische sind voll und die lauten Stimmen der sich unterhaltenden Menschen werden noch von der Live-Band übertönt. **Warm Up Cafe** 1999 steht an der Wand. Wir durchqueren das Restaurant, gelangen zur Bar und bestellen uns erst einmal einen Drink. Die Preise sind hier deutlich höher als im North Gate Jazz. Danach betreten wir den großen Dancefloor. Es ist brechend voll. Auf der Bühne rockt eine junge Thai-Pop-Band so richtig ab, sie werden fast von dem Gekreische ihrer Fans übertönt. Bo schaut zu mir rüber und bemerkt, dass ich leicht überfordert bin. Er packt mich am Handgelenk und wir bahnen uns einen Weg durch die Menge. Neben dem Haupt-floor gibt es noch einen kleinen Raum. Hier ist es ent-spannter, man hat genug Bewegungsfreiheit. Der Techno erinnert mich an zu Hause, an Berlin. Mit der Musik fühle ich mich wohl und finde mich bald tan-zend zwischen anderen europäischen Touristen und thailändischen Studenten wieder.

Viele Touristen besuchen die Clubs und Bars ums **Zoe in Yellow** mitten in der Altstadt. Hier kann man zu fast jeder Musikrichtung tanzen gehen. Von Pop und Hip Hop über Reggae und Ska bis hin zu Techno oder Drum'n'Bass ist für jeden etwas dabei. Es ist allerdings sehr überlaufen und entspricht eher dem europäischen Mainstream. Das Zoe in Yellow ist in der ganzen Stadt bekannt. Zum Sonnenuntergang öffnet es seine Türen und um 1 Uhr macht es zu und hält sich damit an die offiziellen Schließzeiten.

Die meisten ziehen dann weiter ins **Spicy**, der älteste und berüchtigtste Club der Stadt, in der Nähe des Thaphae Gates. Hier geht es verbotenerweise erst um 1 Uhr los, daher auch das fake Café vor dem eigentlichen Pub. Neben Einwohnern und Touristen sind hier vor allem „Bar Girls" und Prostituierte an-zutreffen. Auch Faustkämpfe und Messerstechereien sind hier schon vorgekommen. Hier passiert einem wirklich immer etwas Verrücktes, vielleicht auch etwas Gefährliches.

Wer den Abend entspannt am Fluss ausklingen lassen möchte, sollte die **Bus Bar** besuchen gehen. Hier kann man gemütlich bei einem Bierchen zusammensitzen und zu Livemusik die Kulisse genießen. Im Vergleich zu anderen Locations am Ping River sind die Preise günstig. Jeden Mittwoch um 21.30 Uhr gibt es ein Couchsurfing Meeting. Perfekt, um Menschen aus Chiang Mai kennenzulernen und sich eventuell eine Übernachtung zu organisieren.

MÄRKTE

Chiang Mai ist die Stadt der tausend Märkte. Überall brutzelt und kocht es. Fliegende Händler verkaufen bunte Tücher und billigen Schmuck. Gemüse und Obst, was das europäische Auge wohl noch nie gesehen hat, türmt sich auf den Klapptischen. Eigentlich kann man hier alles erwerben, vom Tattoo bis zum Staubsauger.

Das beste Essen gibt es meiner Meinung nach auf dem **University Gate Food Market**. Er liegt am Hintereingang der Universität auf der Suthep Road im Osten der Stadt. Hier erwartet Sie eine authentische Atmosphäre. Kaum Touristen, sondern vor allem Studenten in ihren Uniformen treffen sich hier nach einem anstrengenden Tag auf ein Bier oder eine traditionelle Nudelsuppe. Es herrscht immer gute Stimmung und die Preise sind unglaublich günstig.

Fünf Autominuten davon entfernt befindet sich der **Chang Phuak Nightmarket**, wie der Name bereits verrät, am Nordtor der Altstadt. Es bietet sich an, hier direkt nach dem University Gate Market weiterzuschlemmen. Er ist von 17 Uhr bis Mitternacht geöffnet und bietet allerlei thailändische Leckereien, von Meeresfrüchten bis zum süßen Dessert ist alles dabei. Für Vegetarier ist die Auswahl der Hauptgerichte nicht allzu groß, aber es lohnt sich trotzdem, bei einem Fruchtshake über den kleinen, lebensnahen Markt zu spazieren. Hier gibt es beste Qualität zum kleinen Preis, denn der Chang Phuak Market ist vor allem bei Einwohnern sehr beliebt und vom Massentourismus weitestgehend verschont geblieben.

Wenn Sie lieber selber kochen, dann empfehle ich Ihnen die Märkte am Tha Pha Gate. Auf dem **Somphet** und **Ming Muang Market** werden zwischen 6 und 16 Uhr überwiegend frische Lebensmittel angeboten. Erkunden Sie die Vielfalt regionaler Früchte. Es wird einiges dabei sein, was Sie noch nie zuvor gesehen haben, zum Beispiel Durian, auch

Stinkfrucht genannt. Groß und stachelig und wenn man sie aufschneidet, verströmt ein fauliger Geruch. Trotzdem gilt sie hierzulande als Delikatesse. Vergleichbar mit Wein in Europa lieben die Leute ihren vielseitigen Geschmack, es gibt sogar Verkostungen, wo verschiedenste Sorten präsentiert werden. Ihr Geschmack ist süßlich und erinnert an Zwiebel oder Knoblauch mit einem Hauch Vanille und Mandel. Sie wird roh zum Beispiel mit Eis oder süßem Reis gegessen oder aber zu Marmelade eingekocht und zum Kuchen backen verwendet.

Die größten Märkte in Chiang Mai sind die **Saturday Walking Street,** auch Wualai Market genannt, und die Sunday **Walking Street.** Hier gibt es neben jeder Menge Essen auch musikalische Darbietungen, Souvenirs, Kleidung, Handwerkskunst und Silberwaren. Die Wualai Road, wo am Samstag der Markt stattfindet, beginnt am Chiang Mai Gate im Süden der Altstadt. Am Ende des Marktes können Sie dem Wat Sri Suphan einen Besuch abstatten. Der zum Teil mit echtem Silber überzogene Tempel ist wunderschön anzusehen. Jede geschnitzte Wand im Inneren erzählt die Geschichte Buddhas. Die Sunday Walking Street führt mitten durch die Altstadt. Sie beginnt am Tha Phae Gate und erstreckt sich entlang der Ratchadamnoen Road. Grundsätzlich wird hier das Gleiche verkauft wie am Samstag auch. Vielleicht werden Sie sogar den ein oder anderen Händler wiedererkennen. Der Markt beginnt um 17 Uhr und hat bis Mitternacht geöffnet.

Am **Chiang Mai Gate** findet täglich ein gleichnamiger Nachtmarkt statt. Er ist riesengroß und auch bei Touristen sehr beliebt. Natürlich sollten Sie sich den **Night Bazaar** nicht entgehen lassen. Das gesamte Viertel trägt schließlich seinen Namen und ist neben der Nimanhaemin-Gegend das Angesagteste der Stadt. Der Markt hat täglich von 15 bis 24 Uhr für Sie geöffnet.

ATTRAKTIONEN

An jeder Straßenecke kriegen Sie für nur 200 Baht (5 Euro) die Stunde eine traditionelle Thaimassage. Das passt nach einem langen Sightseeing-Tag hervorragend und ist zusätzlich ein wirklich interessantes Erlebnis. Die Thaimassage ist eine kulturelle Praktik und in keinem Fall sexualisiert. Man wird immer von einer Person des gleichen Geschlechtes massiert und behält seine Kleidung, außer der Schuhe, an.

Thaiboxen, besser gesagt die Muay Thai Kampfkunst, ist Nationalsport des Landes. Der waffenlose

Kampfstil ist vor allem ein Wettkampfsport, aber lehrt auch realistische Selbstverteidigung. Die Kämpfe sind spektakulär und nichts für empfindliche Seelen. Berühmte Thaiboxer werden als Idole verehrt. Poster mit ihrem Porträt hängen an den Wänden junger Männer und Frauen.

Einen authentischen Muay Thai Kampf können Sie im Kawila Boxing Stadium in der Kang Soi Road östlich des Ping River miterleben. In dem alten, abgenutzten Stadion sind kaum Touristen anzutreffen. Die Kämpfe sind hier länger und weniger von Presse belagert als in anderen Stadien der Stadt. Der Eintritt kostet 500 Baht pro Person.

Museen

Für alle Bildungsreisenden hat Chiang Mai einige Museen zu bieten. Besonders empfehlenswert finde ich vier von ihnen. Das 1972 im Lan Na-Stil errichtete **Chiang Mai National Museum** befindet sich im Stadtteil Kann Kanok. Es gibt einen guten Überblick über die Geschichte und die Lebensweise der Lan Na sowie über die Könige Chiang Mais. Es hat von Mittwoch bis Sonntag zwischen 9 und 16 Uhr geöffnet.

Mit einer ähnlichen Thematik beschäftigen sich das **Chiang Mai Historical Center**, welches mitten in der Altstadt liegt, und das **Lan Na Folklife Museum** in der Prapokkloa Road. Der Eintritt liegt bei jeweils 90 Baht. Montag ist Ruhetag. Ansonsten haben beide Museen von 8.30 bis 17 Uhr geöffnet. Ein etwas ausgefalleneres Museum ist das **Art in Paradise** in der Changklan Road. Hier erwartet Sie eine interaktive Kunstgalerie. Es ist ein absoluter Geheimtipp. Aber Qualität hat ihren Preis, so liegt der Eintritt bei 400 Bhat. Von 9 bis 19 Uhr können Sie hier Ihre Lieblingsgemälde in Bewegung sehen.

Rund um die Stadt

Chiang Mai ist umgeben von wunderschöner Natur. Unzählige Wasserfälle, exotische Pflanzen und Tiere sowie aufregende Wanderpfade warten darauf, von Ihnen entdeckt zu werden.

Besonders sehenswert ist der **Bua Tong Waterfall.** Er liegt ungefähr eine Fahrstunde von Chiang Mai entfernt im Mae Tang National Forest Reserve. Das Besondere an diesem Wasserfall ist der hohe Calcium-Anteil im Fluss. Er gibt dem Gestein außergewöhnliche Haftung und so kann man vom Becken, in welches das Wasser fällt, bis zur Picknickwiese hinaufklettern. Von dort aus hat man einen fantastischen Blick auf die Berge, die Baumwipfel und einige andere Wasserfälle drum herum.

Nördlich von Chiang Mai, im Mae Tang district, liegt der **Mok Fa Waterfall**. Das Becken, in welches die zwei Ströme von einer hohen Steinklippe hinunterstürzen, eignet sich hervorragend zum Schwimmen. Entspannen Sie im Schatten der Bäume und gönnen Sie sich eine Auszeit vom hektischen Stadtleben. Es lohnt sich, einen mehrtägigen Ausflug zu planen, denn nicht weit vom Wasserfall entfernt ist das Tham Mok Fa Fledermausreservoir. Ein wunderschöner Ort zum Wandern, Tiere beobachten und Campen.

Kilometer entfernt von Chiang Mai befindet sich der höchste Berg Thailands. Den 2.565 Meter hohen **Don Inthanon** sollten Sie auf jeden Fall gesehen haben. Im gleichnamigen National Park leben einige Bergvölker, deren Dörfer man besuchen kann, um ihre Kultur kennenzulernen. Am besten folgen Sie einfach dem Rundwanderweg durch den Nebelwald, vorbei an wunderschönen Wasserfällen wie dem **Mae Ya**, dem größten Wasserfall im Norden Thailands. Der Gipfel des Berges wird von einem Tempel gekrönt. Auch in diesem Nationalpark gibt es mehrere Übernachtungsmöglichkeiten. Man kann sich ein Zelt auf dem Campingplatz mieten oder auch einen Bungalow in der entsprechenden Anlage. Der Eintritt zum Nationalpark kostet 300 Baht. Von Chiang Mai werden Touren ab 1.400 Baht angeboten. Ich empfehle die Erkundung auf eigene Faust.

Mieten Sie sich ein Moped und machen Sie sich auf die Reise. Für alle Backpacker ist auch Trampen eine Option. Damit habe ich in Thailand gute Erfahrungen gemacht.

MEIN AUSFLUG ZUM DOI SUTHEP

Heute stehe ich früh auf. Ich möchte zum Doi Suthep hinauffahren. Zuerst muss ich mir ein Moped ausleihen. Offiziell braucht man dafür auch in Thailand einen internationalen Führerschein, jedoch werden die Gesetze nicht eingehalten und auch kaum kontrolliert. Trotzdem sollte man Erfahrung im Scooterfahren haben.

In der Stadt würde ich das Fahren nicht empfehlen, für Anfänger ist es gefährlich, da der Verkehr nicht so streng geregelt ist wie in Deutschland und es auf den Straßen drunter und drüber geht. Außerdem zieht die Polizei gerne Touristen raus, um sie zu kontrollieren, das kostet in der Regel 400 Baht und wird nicht weiter geahndet. Bauen Sie allerdings einen Unfall, können Sie in ernsthafte Schwierigkeiten geraten. Ich habe zwar extra einen internationalen Führerschein beantragt, doch werde nicht danach gefragt, als ich mir das Moped ausleihe. Es kostet mich 300 Baht für zwei Tage und ich hinterlege meinen Reisepass als Pfand. Auf Nachfrage bekomme ich auch einen Helm dazu. Ich habe mir sagen lassen, dies sei in Thailand Pflicht und ist natürlich auch sicherer. Versichert bin ich mit dem Gefährt nicht, noch ein Grund, extra vorsichtig zu fahren.

Schon geht es los. Ich fahre die Huay Kaew Road herunter, um zum gleichnamigen Wasserfall zu gelangen. Ich fahre durch das schön verzierte Eingangstor des Nationalparks und halte mich dann links, um zum Wasserfall zu gelangen. Bald schon wird die befestigte Straße zu einem Sandweg. Ich parke meinen Roller und laufe den Rest. Die Bäume strahlen eine angenehme Kühle aus. Ich atme tief ein und aus, um meine Lungen mit der sauberen Luft zu füllen. Der Wald wird immer märchenhafter und bald sehe ich den Wasserfall.

Er ist nicht sehr groß, aber windet sich malerisch die Felsen hinunter mitten durchs unendliche Grün des Waldes. Ein paar Menschen stehen auf dem Gestein und lauschen dem beruhigenden Rauschen. Schon bald gehen sie weiter und ich bin allein am Wasserfall. Ich lege meine Sachen beiseite und ziehe mich bis auf den Bikini aus. Der Wasserfall mündet in ein kleines Becken. Das Wasser reicht mir ungefähr bis zur Hüfte. Ich setze mich hin, sodass es mir bis zum Hals reicht und lasse es sanft meinen Körper umspülen.

Nach der kleinen Erfrischung lege ich mich zum Trocknen auf einen kleinen Sonnenplatz. Danach ziehe ich mich wieder an und fahre zurück zum Tor, wo ich nun rechts abbiege, um die breite, dicht befahrene Straße zu nehmen, die sich den Berg hochschlängelt. Auf 1.070 Metern Höhe steht das Wat Phra That Doi Suthep. Ein Kloster, das im ganzen Land berühmt ist. Jedes Wochenende pilgern hunderte Thais hierher. Heute ist es zum Glück nicht ganz so voll, aber immer noch voll genug. Vom Parkplatz führt eine lange, von bunten Drachen gerahmte Treppe zum Tempel hinauf. Sein Chedi glänzt in goldener Pracht.

Es verschlägt mir beinahe den Atem. Der sagenumwobene Tempel wurde im 14. Jahrhundert erbaut und beherbergt eine heilige Knochenreliquie des Buddha. Langsam wird es Zeit weiterzufahren, es gibt noch so einiges zu entdecken. Mein nächstes Ziel ist das Hmong Village auf dem Doi Pui. Das Dorf des Bergvolkes ist gespickt mit bunten Blumengärten. Die Siedlung aus Wellblechhütten ist wunderschön am Hang des Berges gelegen. Für die Touristen gibt es einen Parkplatz, wo sie ihr Fahrzeug abstellen und dann durch die engen Gassen spazieren können. Es ist ziemlich überlaufen und es gibt jede Menge Schnickschnack zu kaufen. Hier und da findet man auch traditionelle Handwerkskunst und Kaffee aus eigenem Anbau. Die Menschen hier leben vom Tourismus, sie leben sehr einfach, man könnte auch sagen ärmlich. Doch die meisten gingen mit einem Lächeln durch die Straßen.

Es ist schon Abend und ich mache mich auf den Weg zum Campingplatz, wo ich die Nacht verbringen werde. Er liegt nicht weit vom Hmong Village entfernt und besteht aus einer Wiese an einem Bach. Es kostet mich nicht viel, für eine Nacht zu bleiben und ein Zelt auszuleihen. Ich bin der einzige Gast. Die Toiletten und Duschen sind in einem offenen, steinernen Gebäude und wirklich sehr sauber. Ich schlage mein Zelt auf, mache mich fertig für die Nacht und lege mich schlafen.

Am nächsten Morgen weckt mich das Gezwitscher der Vögel. Schnell packe ich meine Sachen zusammen. Ich habe mir im Hmong Village eine Kleinigkeit zum Frühstücken gekauft. Ich esse sie, während ich auf der Wiese sitzend die Sonne genieße. Ich möchte möglichst früh zum Mae Sa Waterfall, um die

Touristengruppen zu umgehen. Eine 15 km lange unbefestigte Straße führt mich dort hin. Der Eintritt kostet mich 100 Baht, doch zum Glück sind noch nicht so viele Leute hier. So kommt es, dass ich auf dem Weg zu 10 Stufen fast die ganze Zeit alleine bin. Insgesamt hat der Wasserfall eine Länge von einem Kilometer.

Es dauert also eine Weile, alle Stufen hochzulaufen. Es lohnt sich zumindest, bis zur Ebene 5 zu kommen, zwischen dieser und der siebten Stufe kann man nämlich am besten baden. Bald schon geht der Betrieb hier richtig los und ich mache mich nach einem wunderschönen Vormittag wieder auf den Weg nach Hause.

HAPPY HEALING HOME

Baan Raksa – so lautet der thailändische Name der Farm, die biologisch und in Permakultur bewirtschaftet wird. Sie liegt in den immergrünen Wäldern westlich von Chiang Mai in einem Dorf namens Pang Term, circa 2 - 3 Stunden mit dem Moped von Downtown entfernt. Der nächstgrößere Ort heißt Samoeng.

Es ist eine schöne Fahrt dorthin, entlang der Grenze zwischen Doi Suthep und Ob Kahn National

Park. Es lohnt sich, auf dem Weg einen Stopp am Tat Yoi oder Tat Krok Waterfall zu machen, um sich eine Verschnaufpause mit Abkühlung zu gönnen. Doch verlieren Sie sich nicht in dem Anblick der atemberaubenden Natur um Sie herum, sowie ich es getan habe, sonst dauert die Hinreise länger als erwartet.

Glücklicherweise sind Jim Kumsrisom und seine Frau Tea, welche das Projekt ins Leben gerufen haben, genügsame Zeitgenossen und äußerst flexibel. Es genügt, sich ein bis zwei Tage vor Anreise telefonisch oder per Mail anzukündigen. Man ist aufgefordert, pro Tag 200 Baht (ca. 5,60 Euro) zu spenden und erhält bei zusätzlicher täglicher Mitarbeit als Gegenleistung eine bescheidene Unterkunft und vorzügliche drei Mahlzeiten aus eigenem Anbau. Außerdem kann man im Happy Healing Home sehr viel lernen. Neben dem Bauen von Hütten aus Naturmaterialien, dem Anbau von regionalem Gemüse, Obst, Reis und Kaffee und der richtigen Verwendung lokaler Heilkräuter können Sie lernen, wie man traditionelle Lanna-Gerichte zubereitet oder Lanna-Musik spielt. Es gibt wohl keinen besseren Ort, um die ursprüngliche Kultur hautnah zu erleben.

Jim Kumsrisom, Sohn des ansässigen Medizinmannes, hat 16 Jahre seines Lebens als buddhistischer Mönch verbracht, nachdem er buddhistische

Philosophie studiert hat. Er war Vorsteher mehrerer Tempel und wurde vom König persönlich für seine religiöse Arbeit ausgezeichnet. Seine Frau Tea besitzt das Land, auf dem die Farm errichtet wurde. Sie hat Ländliche Entwicklung und Wirtschaft studiert, bevor sie sich entschied, gemeinsam mit Jim ein ursprüngliches, spirituelles Leben zu führen. Ein Leben in Harmonie – das ist das Motto des Happy Healing Home, einer der Selbstversorgung dienenden Farm, auf der jeder nach Spiritualität und inneren Frieden Suchende fündig zu werden scheint. Denn hier folgt man den Lehren Buddhas und der Lebensweise der Lan Na.

Es ist schon dunkel, als ich die Farm erreiche. Pinaan Jim und seine Frau Pinaan Tea begrüßen mich freundlich, jedoch distanziert. Sie führen mich zur kleinen aus Bambushütten bestehenden Siedlung. Die Gemeinschaftshütte besteht aus einem großen Raum mit drei Feuerstellen zum Kochen und einem Waschbecken, welches mit Wasser aus dem Bach gespeist wird. Das Rohrsystem ist ebenfalls aus Bambus. In der Mitte steht ein langer Tisch aus dunklem, naturbelassenem Holz auf massiven Baumstämmen.

Im selben Stil sind die dazugehörigen Bänke gebaut. Hinten an der Wand steht ein Regal mit den Resten vom Abendessen, welche in kleine, bunte

Schüsseln gefüllt sind. Dahinter befindet sich die Vorratskammer. Hier werden Süßkartoffeln, Bananen, Knoblauch, Säcke gefüllt mit Reis und Kaffeebohnen sowie andere lagerfähige Nahrungsmittel aus eigenem Anbau aufbewahrt.

In der linken Ecke sitzen, gleich neben einer kleinen Bibliothek, auf einer leicht erhöhten Ebene, welche mit Bastmatten ausgelegt ist, die Besucher des Happy Healing Home. Wie jeden Abend kommen sie nach dem Essen zusammen, um Pinaan Jim zu lauschen, durstig nach Weisheit, folgen alle aufmerksam seinen Geschichten. Doch diesen Abend stehe ich als Neuankömmling im Mittelpunkt. Eine junge Frau wird aufgefordert mir die Verhaltensregeln zu erklären. Sie wird als Pinaan Nikki vorgestellt. „Pinaan" werden alle hier genannt. Es bedeutet „guter Mensch". Pinaan Nikki erklärt: „Alles im Happy Healing Home ist freiwillig. Niemand wird zum Arbeiten gezwungen. Trotzdem handelt es sich nicht um ein Hotel, jeder ist dafür verantwortlich, dass alle gut versorgt sind. Alkohol und andere Drogen sind strengstens untersagt sowie sexuelle Interaktionen zwischen den Freiwilligen, abgesehen von Paaren.

Es wird nicht gesprochen, nur wenn es notwendig ist, jedoch nicht zur Belustigung. Wenn du sprichst, dann nur die Wahrheit. Belüge deine

Mitmenschen nicht und natürlich sollst du sie auch nicht beklauen. Frauen sind dazu angehalten, ihre Knie und Schultern zu bedecken. In der Nacht die Hütte eines anderen aufzusuchen ist verboten. Der Tagesablauf ist wie folgt: Um 6.00 Uhr treffen wir uns in der Küche zu Kaffee und Tee, danach gehen wir gemeinsam den Berg hinauf, um bei Sonnenaufgang zusammen Yoga zu praktizieren und zu meditieren.

Währenddessen hilft eine Person Pinaan Tea dabei, das Frühstück vorzubereiten. Es wird gemeinsam gegessen und abgeräumt. Dann machen sich alle an die zuvor zugeteilten Aufgaben des Tages. Um 11 Uhr wird das Mittagessen vorbereitet, um 12 Uhr gegessen. Danach sind ein bis zwei Stunden Mittagspause, bevor die zweite Arbeitsphase, beziehungsweise die Essensvorbereitung, beginnt. Um 18 Uhr essen wir gemeinsam zu Abend, bevor wir uns versammeln, um eventuell angestaute Fragen zu klären und das Schweigegelübde wird für eine kurze Zeit außer Kraft gesetzt. Du kannst dich selbstverständlich jeder Zeit zurückziehen, die Gegend erkunden oder meditieren, wenn dir danach ist."

Pinaan Nikki deutet mir mit einer Geste, mich zu der Gruppe von 11 Leuten zu gesellen. Ich setze mich zu den anderen in den Kreis und höre zu, was Pinaan

Jim zu sagen hat. Er erklärt, wieso es geboten ist, nicht zu sprechen beziehungsweise keinen „Bullshit" zu reden. „Was ist mit 'Bullshit' gemeint?", frage ich. Er antwortet: „'Bullshit' ist alles, was dich aus dem jetzigen Moment reißt. Es gilt loszulassen. Lass deine Gedanken nicht abschweifen zu deinem Job zu Hause, deinen Freunden und Verwandten, finanziellen Problemen oder Sorgen um Krankheit.

Bleib im Moment. Wir haben zwei Augen, zwei Nasenlöcher, zwei Ohren, zwei Hände, aber nur einen Mund. Im Happy Healing Home versuchen wir, den physischen Gegebenheiten gerecht zu werden und uns auf unsere anderen Sinne zu konzentrieren und weniger aufs Sprechen. Wer spricht, kann nicht glücklich sein, denn nur derjenige ist glücklich, der nicht denkt und Reden setzt Denken voraus." Ich schweige. Die folgenden Tage werde ich noch oft über diese Konversation nachdenken.

Mein Tag beginnt schon, bevor die Sonne aufgeht. Die Nacht habe ich erstaunlich gut geschlafen. Das Bett besteht aus einer Matratze, die auf dem Boden liegt und mit einem Moskitonetz umhangen ist. Nachts war es sehr kalt und ich habe mir zusätzlich zu der gestellten Decke noch meinen Schlafsack genommen. Ich ziehe alles an, was ich habe, denn kurz bevor die Sonne aufgeht, ist es bekanntlich am kältesten, und gehe in die Küche. Der Tag läuft wie geplant ab. Zu den Tagesaufgaben gehören das Ernten von Süßkartoffeln, Knoblauch stecken, die Tiere füttern, die Kühe auf die zu begrasenden Flächen führen und Feuerholz zum Kochen hacken.

Es fällt mir erstaunlich schwer, das Schweigegebot einzuhalten. Anderen Besuchern geht es sicherlich ähnlich. Viel zu groß ist die Neugierde. Woher kommen die anderen, wer sind sie, wie ticken sie? Ich fühle mich einsam inmitten der Leute. Zu jeder Mahlzeit wird eine große Auswahl an Speisen aufgetischt. Die Zutaten kommen aus dem eigenen Garten und sind meinem westlichen Auge oft unbekannt. Das Essen ist rein pflanzlich. Auf dem Tisch stehen Holzteller, auf denen sich saftig grüne Blätter stapeln und Schüsseln mit verschiedensten Gerichten, deren Duft mir das Wasser im Munde zusammenlaufen lässt. Serviert werden unter anderem süße Bohnen in Kokosmilch, klassisches Thai-Curry und Bananenchips. Der fertige „Sticky Reis", auf Thai „Kha Neao" genannt, befindet sich in einem altertümlichen Gefäß aus Bambus und Leinen.

Zu Beginn jeder Mahlzeit teilt Pinaan Jim den Reis in zwei gerechte Hälften, die jeweils einmal rumgegeben werden. Jeder Pinaan nimmt den Klumpen in die Hände und führt ihn zur Stirn, bevor er auf einen Teller auf der linken Seite des Tisches und der andere auf einen Teller auf der rechten Seite des Tisches gelegt wird. Gegessen wird traditionell mit den Händen, wobei nur mit der rechten Hand vom Reis und aus den Schüsseln genommen wird, bevor man es in seine eigene tut.

Innerhalb einer Woche wurden nur zwei Mal tierische Produkte verarbeitet. An einem Morgen gab es Spiegelei, doch nicht genügend, sodass nicht jeder eins bekam. Der zweite Anlass war die Schlachtung des Hahns. Ich als Vegetarier war irritiert, da ich davon ausging, dass die buddhistische Lebensweise, welche sich durch Respekt vor anderen Lebewesen auszeichnet, die Tötung von Tieren untersagt. Pinaan Jim klärte mich auf. Er sagte, seiner Auf-fassung nach würde der Respekt des Tieres gewahrt, wenn seine Tötung der Ernährung dient, also der Mensch für sein eigenes Überleben sorgt. Mir leuchtete das Argument ein, mit dem Hintergrund, dass die Hühner auf dieser Farm wohl das artgerechteste Leben überhaupt führen, ob dasselbe für unsere westliche Welt zutrifft, wage ich zu bezweifeln.

Doch trotzdem begegnete mir im Laufe meines Aufenthaltes der ein oder andere Widerspruch. Zum Beispiel ist es in der Lan Na-Kultur üblich, Hahnen-kämpfe auszutragen. Dennoch sehe ich mich nicht in der Position zu urteilen, da es nicht meine eigene Kultur ist, über die ich hier berichte. Machen Sie sich am besten selbst einen Eindruck und besuchen Sie das Happy Healing Home.

Packliste

Geld & Finanzen

O (evtl.) Auslandswährung

O Bargeld

O Bauchtasche

O Brustbeutel

O Bauchtasche

O EC-Karte

O Kreditkarte

O Notfall-Telefonnummern der Banken

O Portmonee

Hygiene

O Haarbürste / Kamm

O Deo (klein)

O Shampoo

O Kulturtasche

O Sonnencreme

O Taschentücher
O Reise-Zahnbürste und Zahnpasta
O Verhütungsmittel

Kleidung

O Badeklamotten
O Gürtel
O Hosen kurz / lang
O Mütze / Cap / Hut
O Pullover
O Regenjacke
O Schlafanzug
O Socken
O Sonnenbrille
O Sportklamotten / Jogginghose
O T-Shirts
O Unterwäsche

Medikamente

O Blasenpflaster
O Anti-Durchfalltabletten

O Erste-Hilfe-Set

O Fiebertabletten

O Fiebertabletten

O Mückenschutz

O sonstige Medikamente

O Pflaster

O Kopfschmerztabletten

Unterlagen & Papiere

O ADAC Unterlagen

O Adresslisten für Postkarten

O Krankversicherungsnachweis

O Stadtplan

O Führerschein

O Unterlagen für die Unterkunft

O Wasserdichte Hülle für Reiseunterlagen

O Impfausweis

O Mietwagenunterlagen

O Personalausweis

O Reisepass

O Reisetagebuch

O evtl. Studentenausweis
O evtl. Visum
O Zug- / Bahn- / Flugticket

Taschen & Rucksäcke

O Koffer / Trolley / Reisetasche
O Regenhülle für Rucksack
O Rucksack

Schuhe

O Badeschlappen / Hausschuhe
O Schuhe und Wechselschuhe

Sonstiges

O Brille / Kontaktlinsen und Etui
O Buch zum Lesen
O Ohrenstöpsel und Schlafmaske
O Regenschirm
O Reisedecke
O Wasserflasche

O Wörterbuch

Elektronik

O Digitalkamera

O Handy

O Ladekabel

O Kopfhörer

O evtl. Steckdosenadapter

O Power-Bank

Herstellung und Verlag:
BoD – Books on Demand, Norderstedt
ISBN: 9783751984232

© Lynh Feldmann 2020
1. Auflage
Kontakt: Psiana eCom UG/ Berumer Str. 44/ 26844 Jemgum
Covergestaltung: Fenna Larsson
Coverfoto: depositphotos.com